JUAN CALVINO

La Reforma Protestante

Por Aude Cirier
Traducido por Laura Bernal Martín

Historia en50MINUTOS.es

JUAN CALVINO

- **¿Nacimiento?** El 10 de julio 1509 en Noyon (Francia).
- **¿Muerte?** El 27 de mayo de 1564 en Ginebra.
- **¿Principales contribuciones?** La instauración de la Iglesia reformada (ministerios, catecismo y liturgia), y la reestructuración del sistema educativo. A través de las medidas que logra que los dirigentes de las ciudades adopten, Calvino impone una estricta disciplina moral. Su principal innovación es haber sabido formular y transmitir en francés las bases de una nueva ortodoxia cristiana, así como haber difundido una teología reformada en toda Europa.

Juan Calvino encarna una de las principales figuras de la Reforma que modifica la cara religiosa de Europa en el siglo XVI. Calvino, un predicador talentoso y el autor de la suma teológica protestante por excelencia, la *Institución de la religión cristiana*, es uno de los principales difusores del protestantismo inspirado en las primeras tesis de Martín Lutero (1483-1546). Dedica toda su vida al establecimiento de un modo de vida y pensamiento conforme a las Escrituras. Es un excelente escritor que sabe jugar con las palabras para adaptar su discurso a su público meta, e innova al traducir íntegramente sus tratados latinos al francés para asegurarse de que su difusión sea mayor.

Organizador de la Reforma, trabaja en el establecimiento, en primer lugar, de la Iglesia de Ginebra y, después, de las Iglesias reformadas en Europa. Así, participa en los debates políticos de la época, especialmente en lo relativo a la separación de los poderes de la Iglesia y el Estado. Aunque su influencia es innegable y su autoridad reconocida, Calvino no gusta a todo el mundo y se enfrenta a numerosas reacciones hostiles.

BIOGRAFÍA

Retrato de Juan Calvino por Titien, siglo XVI.

LOS AÑOS DE FORMACIÓN

Juan Calvino —Cauvin en francés, que transformará en Calvin— es hijo de Gérard Cauvin (muerto en 1531) y de Jeanne Le Franc (muerta c. 1515), y nace en una familia vinculada al

obispado de Noyon. Su padre —que será expulsado y excomulgado en 1528— ocupa varios puestos administrativos y
elige para su hijo una carrera eclesiástica. Así, el obispado
de Noyon le otorga beneficios (el equivalente a becas) que
permiten que Juan Calvino pueda seguir un primer ciclo de
estudios en la Facultad de Artes de París, cuyas clases se
imparten en el Colegio de la Marche (en el otoño de 1520) y
en el de Montaigu (1521-1525), donde obtiene el bachillerato
y una maestría en Artes. Entonces, el joven prosigue su
formación en la Facultad de Derecho de Orleans (*c.* 1526) y
luego en Bourges (*c.* 1529-1530), dos universidades de gran
prestigio en las que recibe las enseñanzas de grandes maestros como Pierre de l'Étoile (*c.* 1480-1537) y Andrea Alciato
(1492-1550).

Estos años de aprendizaje marcan de manera indeleble
a Calvino: el rigor jurídico determina su modo de pensar
de manera notable y recibe clases de griego de la mano
de Melchior Wolmar (1497-1561), un adepto de las nuevas
doctrinas de Martín Lutero. Este último publica en 1517
en Wittenberg sus 95 tesis contra las indulgencias, el
texto fundador de la Reforma. Después de sus estudios de
Derecho —se licencia en leyes en febrero de 1532—, Calvino
culmina su trayectoria orientándose al estudio de la litera-
tura antigua. Redacta un comentario del *De Clementia* de
Séneca (4 a. C.-65 d. C.), publicado ese mismo año en París y
en Orleans (1532).

DE LOS ESTUDIOS CLÁSICOS A LA CONVERSIÓN

A diferencia de otros grandes reformadores de la época, Calvino no estudia Teología en la Universidad, y tampoco ejerce un cargo religioso ya que en ningún momento es ordenado por la Iglesia católica. Cuando acaba su formación, comienza a trabajar como profesor en el Colegio de Fortet.

Su conversión tiene lugar durante los años 1533-1534. Más que una revelación, se trata principalmente de un largo proceso de «maduración de su pensamiento»[1] (Calvino 2010, XIV). En noviembre de 1533 participa en la redacción de un discurso pronunciado por Nicolás Cop, el rector de la Universidad de París. La presentación, dedicada a las Bienaventuranzas (Mateo 5), es en realidad un pretexto para denunciar la persecución que sufren los nuevos reformadores. Calvino, al que buscan, huye de París y viaja de incógnito por Francia, pasando en concreto por Angulema y Poitiers antes de abandonar el Reino. El 4 de mayo de 1534 formaliza su ruptura con la Iglesia romana al renunciar a sus beneficios eclesiásticos. Viaja y llega a Basilea a finales de año.

Estos acontecimientos, independientemente de si fueron o no un detonante, marcan un punto de inflexión en su estudio de los textos. La Antigüedad grecolatina deja ahora paso a los textos cristianos. Su primer tratado, escrito en 1534, aborda el tema del sueño del alma entre la muerte y el Juicio Final, un tema que apoyará y retomará bajo el

---

1. Cita traducida por 50Minutos.es

título *Psychopannychia* (*El sueño del alma*, 1542). También comienza a escribir la primera versión de su *Christianae religionis institutio*, publicada en Basilea en marzo de 1536, su futura *Institución de la religión cristiana*.

LA PRIMERA VIDA GINEBRINA DE CALVINO

En julio de 1536, mientras se dirige a Basilea, se detiene para pasar la noche en Ginebra. Bajo la iniciativa de Guillermo Farel (1489-1565), evangelizador de Suiza (la actual Suiza francesa) desde 1524, el consejo de la ciudad ha firmado en mayo su adhesión a la Reforma, suprimiendo una parte de los ritos católicos (la misa) y colocando la Sagrada Escritura por encima de todo. Farel le suplica entonces a Calvino que se quede para realizar la evangelización de Ginebra: «Cuando [Farel] comprendió que yo había puesto mi corazón en estudios privados y dándose cuenta de que no conseguía nada con sus súplicas, procedió a proferir una imprecación en el sentido de que Dios condenaría mi reclusión y mi aislamiento si yo no aportaba mi ayuda cuando la necesidad era tan urgente», dice Calvino («Juan Calvino: su vida y ministerio», en *Iglesia Bautista de North Bergen*). Primero, en otoño de 1536, lo nombran lector de la Sagrada Escritura, es decir, maestro, y unos meses más tarde se convierte en pastor de la Iglesia de Ginebra. A su lado se encuentra Mathurin Cordier (1479 o 1484-1564), gran pedagogo y antiguo profesor de Calvino en el Colegio de la Marche, también conquistado por las ideas de la Reforma.

Este nombramiento supone un cambio de estatus para Calvino: en adelante, es el encargado de la cura de almas de una población heterogénea, a la que tendrá que garantizarle la educación. Es indispensable simplificar su mensaje y, sobre todo, adoptar el francés como lengua de expresión y abandonar el dialecto local. Redacta a tal efecto una *Instrucción de fe* que se utiliza en la Iglesia de Ginebra, seguida de una *Confesión de fe* escrita por Farel. Dos años más tarde, Farel y Calvino son expulsados de Ginebra en la Pascua de 1538, mientras que Cordier se va a Neuchâtel. Esto se debe a que se les considera demasiado entregados y demasiado estrictos, y también a que se niegan a que haya demasiada supervisión del Estado sobre la Iglesia —oponiéndose de este modo a una parte del consejo de la ciudad dirigido por los libertinos, ansiosos por mantener un fuerte poder secular después de la emancipación de la tutela del príncipe-obispo de Ginebra.

EN ESTRASBURGO, CALVINO SE CONVIERTE EN TEÓLOGO

En el verano de 1538, Calvino acepta la invitación de un reformador alsaciano, Martín Bucero (1491-1551). Entonces se traslada a Estrasburgo, donde se convierte en pastor y maestro de una escuela (llamada el Gimnasio) fundada ese mismo año por Jean Sturm (1507-1589), que tiene la intención de aplicar una nueva pedagogía: este último instala, en particular, un sistema de clases claramente separadas, de exámenes periódicos y de ascensos. En el Gimnasio, Calvino frecuenta a humanistas y reformadores, entre los que se encuentra Wolfgang Capito (1478-1541). Por otra parte, reanuda el estudio de los textos bíblicos, redacta numerosos comentarios sobre el Antiguo y el Nuevo Testamento, y amplía su *Institutio*, presentando una segunda edición en 1539. Su objetivo es claro: «Preparar y educar en el estudio de la Sagrada Escritura a los candidatos a la teología sagrada, de manera que puedan acceder fácilmente y avanzar sin toparse con obstáculos»[2] (Juan Calvino citado en Gilmont 2000).

UN NUEVO IMPULSO PARA LA REFORMA

Las tensiones político-religiosos que sacuden Ginebra a principios de 1540 y la presión ejercida por el obispo de Carpentras, Jacques Sadolet (1477-1547), para que la ciudad reinstale la obediencia romana, incitan a los genoveses a llamar a Calvino, al que consideran el único capaz de defender sus intereses. El antiguo paria llega a la ciudad en septiembre de 1541 con Idelette de Bure, viuda y madre de dos hijos, con quien se casa en agosto de 1540 y que morirá el 29 de marzo de 1549. Él permanecerá en Ginebra hasta su muerte en 1564.

En el período de transición de 1541 a 1542, ya está en marcha la parte fundamental de la Reforma, difundida por Calvino. El predicador dedica esencialmente el resto de su vida al estudio de los textos bíblicos y escribe más de 250 sermones al año. También participa en la formación de los ministros del culto mediante la creación en 1559 de la Academia de Ginebra, de los hombres del Consistorio (es decir, el consejo que reúne a pastores, ancianos y magistrados encargados de velar por una adecuada conducta moral y religiosa de

---

2. Cita traducida por 50Minutos.es

la comunidad) y del Consejo de la Ciudad para fomentar la implantación de una línea de conducta coherente con los principios decretados.

Después de dictar su testamento el 26 de abril de 1564, recibe a los consejeros de la ciudad y a sus colegas de la Compañía de Pastores y pronuncia dos discursos de despedida. Muere el 27 de mayo de 1564 y es enterrado según lo dispuesto por la Reforma, es decir, sin pompa alguna, en Plainpalais.

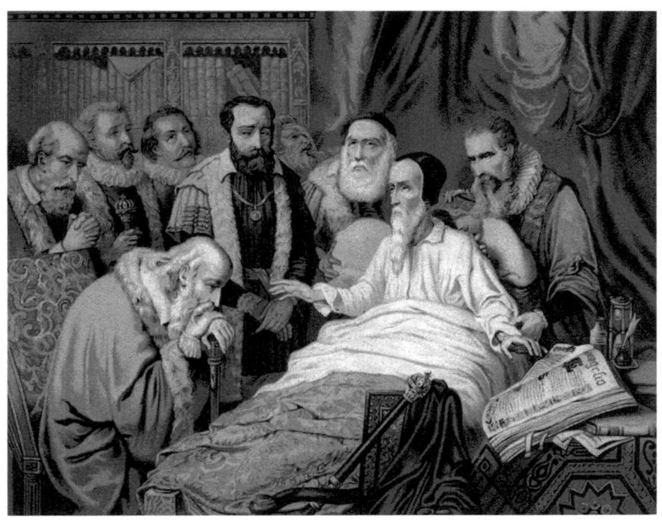

Los últimos momentos de Calvino.

EL ESTABLECIMIENTO DE LA REFORMA

LA ACCIÓN FUNDADORA DE LUTERO

El 31 de octubre de 1517, Martín Lutero, prior del convento de San Agustín en Wittenberg desde 1512, hace que se coloquen en la ciudad carteles en los que expone sus 95 tesis contra las indulgencias.

LAS INDULGENCIAS

Desde finales del siglo XI, la Iglesia romana concede indulgencias, una clase de alivio de la penitencia para los que contribuyen físicamente —a través de la peregrinación o de la cruzada—, o económicamente a una obra piadosa. La indulgencia plenaria, que aparece en el siglo XIII, no solo elimina la pena, sino también la falta. Sin embargo, para Lutero, la salvación es una gracia de Dios, que perdona al pecador por los sufrimientos de Cristo en la cruz.

El 15 de junio de 1520, la bula *Exsurge Domine* («Levántate, Señor») emitida por el papa León X (1475-1521) condena oficialmente las propuestas de Lutero. La reacción de Lutero es inmediata: se rebela y quema públicamente el documento el 10 de diciembre. Unas semanas después, el 23 de enero de 1521, es excomulgado. A continuación, organiza la vida de las comunidades que adoptan sus ideas.

LA ADOPCIÓN DE LA REFORMA Y LA LLE-GADA DE CALVINO

Las repercusiones del Movimiento de Reforma —o la Reforma— que inicia Lutero llegan hasta Francia. Mientras en marzo de 1525 la Sorbona (es decir, la Facultad de Teología de París) lanza una ofensiva contra los luteranos, en Zúrich se instala la primera comunidad evangélica. La Reforma se difunde y surgen otras comunidades, como en Basilea en 1527. En otras partes, se suprime la misa en señal de adhesión al nuevo movimiento: este es el caso de Berna en 1528 y de Estrasburgo un año más tarde. La Reforma se adopta en varias ciudades, por ejemplo en Neuchâtel (1530) o en Ginebra, impulsada por Guillermo Farel, designado por los berneses reformados. El 1 de enero de 1533, el predicador Antoine Froment (*c.* 1509-1581) pronuncia el primer sermón reformado en la plaza de Molard. Dos años más tarde, el 10 de agosto de 1535, el Consejo de los Doscientos —la nueva institución creada por la comuna tras la salida del último príncipe-obispo de la ciudad— suspende la misa. Por último, el Consejo General ratifica la aprobación de la Reforma el 21 de mayo de 1536.

Retrato de Guillermo Farel.

Así se encuentran las cosas cuando Calvino llega a Ginebra por primera vez, en julio de 1536. Se ve inmediatamente implicado en los asuntos de la Reforma: junto a Farel, participa en la Disputa de Lausana del 1 al 8 de octubre, que culmina en el decreto del 19 de octubre, sellando definitivamente la adhesión de la ciudad a la Reforma.

UNA REFORMA PLURALISTA

Cabe señalar que el Movimiento de Reforma no es unívoco y que toma varios caminos, puesto que no se ajusta únicamente a la doctrina decretada por Lutero. Otros reformadores, como Thomas Müntzer (c. 1489-1525) y Ulrico Zuinglio (1484-1531), que desempeñan un papel fundamental en la emancipación religiosa de la tutela romana de una parte de Europa, defienden ideas a veces ligeramente distintas. En el seno del propio movimiento se abren entonces grandes debates, incluso verdaderos desacuerdos sobre cuestiones teológicas específicas: este es el caso, por ejemplo, de lo que sucede entre Lutero y Zuinglio, que aunque habían estado de acuerdo durante un tiempo, discuten ferozmente sobre el problema de la eucaristía durante su encuentro en Marburgo en 1529.

EL ASUNTO DE LOS PASQUINES (OCTUBRE DE 1534)

En Europa, las reacciones al movimiento reformista no son unánimes: aunque la Reforma es aceptada en varias ciudades suizas y en el Sacro Imperio Romano, no lo es en el Reino de Francia.

El 17 y 18 de octubre de 1534, la pegada de pasquines contra la misa en las ciudades francesas, incluyendo París, provoca disturbios y represión contra los luteranos. Durante las siguientes semanas, Calvino abandona París y acude a Basilea, donde se instala en enero de 1535. En París, la represión está a punto de estallar, y el pastor de Neuchâtel, Antoine

Marcourt (c. 1485-1561), difunde su *Pequeño tratado sobre la Eucaristía*, que retoma los propósitos de los pasquines contra la misa. El rey Francisco I (1494-1547) hace que se organice una procesión expiatoria; muchos luteranos son ejecutados en febrero del mismo año. El 16 de julio de 1535, mediante el Edicto de Coucy, se les concede la amnistía a los reformados arrepentidos.

EN EL CORAZÓN DE LA OBRA DE CALVINO: ENSEÑAR, LUCHAR Y ORGANIZAR

LA EPÍSTOLA AL REY: DENUNCIAR PARA ORGANIZAR

Tras el asunto de los pasquines, Calvino le dirige a Francisco I una carta en la que expone claramente su intención («mi propósito era enseñar lo básico») y hace apología de la doctrina protestante, que es la de la palabra de Dios. Su exposición se basa en el *Pequeño catecismo* de Lutero (publicado en 1529) y se apoya en seis puntos:

- la Ley, la explicación del Decálogo;
- la fe, la explicación del Credo;
- el rezo, la explicación de la oración dominical;
- los sacramentos (bautismo y comunión).

A estos se le añade un capítulo sobre lo que los reformadores llaman falsos sacramentos (confirmación, penitencia, extremaunción, orden, matrimonio) y una parte sobre la libertad cristiana (es decir, la relación entre la Iglesia y el Estado). Este texto será el prefacio de la obra más importante de Calvino, el *Institutio*, que se ampliará y se convertirá en la *Institución de la religión cristiana*.

LA SUMA TEOLÓGICA CALVINA: LA *INSTITUCIÓN DE LA RELIGIÓN CRISTIANA*

Durante su estancia en Estrasburgo, Calvino vuelve a trabajar sobre el primer borrador del *Institutio Christianae religionis* para ofrecer una suma teológica más completa, que se publica en 1539 aumentada con comentarios bíblicos. Esta constituye el conjunto del programa de educación religiosa que Calvino quiere ofrecer y hacer que los ministros de culto ofrezcan.

La innovación de Calvino radica en que su público meta es muy amplio: no solo se dirige a los ministros de culto, sino que también busca llegar a las comunidades. Por esta razón, en 1541 traduce su texto al francés, incluyendo en su traducción una suma de piedad, así como casi todo lo que es necesario conocer de la doctrina de la salvación. Calvino se enfrenta a un gran desafío, puesto que es la primera vez que se exponen las doctrinas esenciales de la fe cristiana en francés. Así, hace frente a la prohibición formulada en 1526 por el Parlamento francés referente a la lectura y a la posesión de libros de la Sagrada Escritura traducidos al francés.

La publicación de la *Institución* eleva a Calvino, hasta entonces profesor, al rango de teólogo que se dirige a un vasto público francófono y francés. Completa su programa con una suma de comentarios bíblicos.

UN LIBRO AMPLIADO CONSTANTEMENTE

Calvino publica varias versiones del texto *Institución*

de la religión cristiana. Lo altera y lo aumenta constantemente hasta las ediciones latina y francesa de 1559-1560. El texto final incluye 80 capítulos repartidos en cuatro libros:

- *Del conocimiento de Dios en cuanto es creador y supremo gobernador de todo el mundo* (teología, en el sentido de doctrina de Dios);
- *Del conocimiento de Dios como redentor en Cristo, conocimiento que primeramente fue manifestado a los patriarcas bajo la ley y después a nosotros en el evangelio* (cristología, doctrina del ser y de la obra de Cristo);
- *De la manera de participar de la gracia de Jesucristo. Frutos que se obtiene de ello y efectos que se siguen* (pneumatología, doctrina del Espíritu Santo);
- *De los medios externos o ayudas de que dios se sirve para llamarnos a la compañía de su hijo, Jesucristo, y para mantenernos en ella* (eclesiología, doctrina de la Iglesia).

DE LA DOCTRINA A LA APLICACIÓN: LA ORGANIZACIÓN DE LA IGLESIA DE GINEBRA

De regreso a Ginebra en 1541, Calvino reanuda sus funciones pastorales y pide permiso para «poner orden en la Iglesia de Ginebra». Entonces redacta tres textos fundamentales:

- las *Ordenanzas eclesiásticas* (adoptadas el 20 de noviembre de 1541);
- *La forma de las oraciones y la manera de administración*

del sacramento de acuerdo a la usanza de la iglesia antigua (publicado en febrero/marzo de 1542);
- el *Catecismo* (cuya primera versión también se publica en febrero/marzo de 1542).

Su objetivo es simple: dotar a la nueva Iglesia de estructuras eclesiásticas necesarias para su organización, según el dogma reformado que consiste en «vivir según el Evangelio». La nueva estructura eclesiástica descansa en cuatro pilares, cuatro ministerios:

- los pastores, encargados del culto;
- los doctores, encargados de la educación;
- los diáconos, responsables de los enfermos y de la distribución de limosnas;
- los ancianos que, elegidos de entre los miembros de la comunidad, son, junto con los jueces y los pastores, los que se encargan de la aplicación de la disciplina en el seno de la comunidad.

REDUCIR EL NÚMERO DE SACRAMENTOS

Calvino, a través de las diferentes disposiciones que instaura, opta voluntariamente por desacralizar la vida espiritual. Allí donde el catolicismo cuenta con siete sacramentos (bautismo, eucaristía, confirmación, matrimonio, penitencia, unción de enfermos —extremaunción— y ordenación), la Iglesia reformada solo cuenta con dos: bautismo y santa cena. Según el teólogo, solo estos dos ritos los realiza Jesucristo y están claramente atestiguados en el Nuevo Testamento.

LA FUNDACIÓN DE LA ACADEMIA DE GINEBRA (1559)

Cuando le llaman para que vuelva a Ginebra en 1541, apoyado en su experiencia educativa en Estrasburgo y en lo que ha visto en Lausana, Calvino coloca inmediatamente la cuestión de la enseñanza en la lista de prioridades. En el proyecto de las *Ordenanzas eclesiásticas*, formuladas el mismo año, hace que se precise que:

> «La tarea real u oficio de los doctores es instruir con fidelidad en la verdadera doctrina de tal forma que la pureza del Evangelio no sea corrompida bien por ignorancia o por falsas opiniones [...] Pero tales lecciones no tendrán valor a menos que los escolares sean también instruidos en lenguas y en ciencias humanas. Es necesario sembrar la semilla para el futuro con objeto de que los niños, al crecer, no se alejen de la Iglesia; en consecuencia, es necesario establecer escuelas o colegios para la instrucción de los niños con objeto de prepararlos en el camino del gobierno civil y eclesiástico» (Cervantes-Ortiz 2009, 406-407).

La continuación del texto prevé la atribución de un lugar para impartir la enseñanza. Estableciendo un plan ideal, inspirado en la experiencia estrasburguesa de Sturm y ayudado por Mathurin Cordier —que sigue enseñando en Neuchâtel a pesar de la insistencia de su antiguo alumno para secundarlo—, Calvino ve sin embargo cómo las autoridades de la ciudad frenan su proyecto, decididas a no darle carta blanca en materia educativa al reformador. El recuerdo de su exilio de 1538 y de las razones que lo motivaron siguen en la mente de todos. Entonces se establece un primer *collège*, el llamado Collège de Rive, y se le confía su dirección a Sebastián Castellio (1515-1563), al que Calvino conoce desde su exilio estrasburgués y con el que discute regularmente.

Durante más de 15 años, Calvino espera que la situación política de Ginebra se calme y que el partido que se opone a él sea derrotado. En cuanto esto sucede, en febrero de 1555, retoma sus proyectos. Pero tiene que esperar —esta vez debido a problemas de política exterior— al 17 de enero de 1558 para que los miembros del Consejo «visiten el lugar que les parecerá mejor para construir un *collège*»[3] (Archivos de Ginebra, registro del Consejo, citado en *Histoire de l'université de Genève, op. cit.*, p. 34). La población comprende enseguida la importancia de esta fundación. A los 200 000 florines del presupuesto anual dedicados al proyecto se le añaden las donaciones y los legados procedentes tanto de personas humildes como de gente acomodada, tanto de ginebrinos como de extranjeros. El Collège de Calvino (también llamado Academia de Ginebra) puede entonces existir bajo la forma de un establecimiento de instrucción y de enseñanza superior. Inspirado por el modelo de Sturm en Estrasburgo (que recibe el título de Academia), Calvino se dirige a los maestros más importantes de la época: Jean Mercier, hebraizante, que ocupa entonces una silla de lector real en lo que se convertirá en el Collège de France, o incluso Teodoro de Beza (1519-1605), reputado profesor de griego, que será designado como el sucesor de Calvino a su muerte.

---

3. Cita traducida por 50Minutos.es

CALVINO, UN HOMBRE LUCHADOR

> «He vivido aquí [en Ginebra] luchas maravillosas [es decir, sorprendentes]. [...] Me dirigía al Consejo de los Doscientos cuando luchábamos, y recuerdo a los otros que querían ir pero no lo hacían; y aun así nos jactamos de haberlo hecho, [...], yo estaba allí, y al entrar me decían: "Señor, retírese, no es a usted a quien queremos". Yo les dije: "No me iré. Vamos, valientes, matadme, y mi sangre se alzará contra vosotros, e incluso estos bancos lo pedirán". Así participé en la lucha, y ustedes se darán cuenta de que no se reducirá, sino que crecerá aún más, porque viven en una nación perversa e infeliz y, aunque haya gente de bien, la nación es perversa y malvada, y ustedes se enfrentarán a ello cuando me haya Dios llevado, porque aunque yo no sea nada, sé bien que he evitado tres mil tumultos que en Ginebra se habrían alzado»[4] (Calvino 2010, 990-991).

A pesar de la influencia que ejerce, Calvino no es un hombre de política —de hecho, no tendrá derecho a voto en la Asamblea General anual hasta 1559, cuando será elevado a la categoría de burgués de la ciudad. Aunque interviene en las sesiones del Consejo de Ginebra, sus recomendaciones no se siguen unánimemente, ni siquiera en materia religiosa. Su expulsión de Ginebra de 1538 refleja la oposición que despierta su proyecto de reforma profunda de la sociedad. Teólogo, comentador bíblico y organizador de la Iglesia, Calvino acude a todos los frentes para transmitir y hacer cumplir el mensaje de Dios.

---

4. Cita traducida por 50Minutos.es

Contra la Iglesia de Roma, los papistas

En el mismo corazón de la Reforma, la oposición a la Iglesia de Roma es una de las principales acciones de Calvino. Para el reformador, refutar la idea de que solo la Iglesia tiene la autoridad y la capacidad de juzgar todo lo que se refiere a la doctrina y a la fe es una manera de oponerse al dominio absoluto de Roma en todo el mundo cristiano. Por un lado, redacta, en latín porque se dirige a los eclesiásticos, numerosos escritos en los que denuncia y refuta los artículos de la fe publicados por la Facultad de Teología de París, y se enfrenta a las proposiciones del Concilio de Trento (cuya primera sesión culmina en 1547) al publicar en 1547-1548 su versión de las *Actas del Concilio de Trento*, con la cura para el veneno (es decir, contra la herejía o cualquier forma de doctrina contra lo promulgado por los textos del Concilio). Por otro lado, se dirige al pueblo «descarrilado de la Iglesia de Roma» y expone de la manera más sencilla algunos principios doctrinales, ya enumerados en la *Institución de la religión cristiana*.

Así pues, redacta una serie de tratados que podemos calificar de polémicos, y para los que utiliza un tono frívolo o incluso de burla. Su objetivo es llegar a un público incapaz de comprender todos los aspectos de los debates teológicos. Condenando especialmente los abusos perpetrados por el clero católico (libertinaje, indulgencias, etc.), Calvino escribe varios textos eligiendo un tema secundario, pero concreto, esperando que el mensaje central —a falta de ser comprendido en su totalidad— abra la mente de los lectores y de los oyentes. En 1543 se publica uno de los más conocidos, el *Tratado sobre las reliquias*, que denuncia el recurso abusivo de la Iglesia romana a las reliquias de santos y mártires venerados por los fieles por los milagros que se producirían al tocarlos. También denuncia, en forma de burla, la falta de autenticidad de los objetos de veneración o su multiplicidad —mientras que algunas reliquias deberían ser únicas, Calvino anuncia que el cristianismo ha inventariado por lo menos siete sudarios o incluso tres prepucios de Cristo. En este sentido, Calvino no innova: san Agustín, obispo de Hipona en el siglo V, ya habría cuestionado la autenticidad de las reliquias en circulación en su época. Pero su originalidad radica en que utiliza este tema para condenar Roma: «Cuando se cuestione todo esto, ¿qué podremos decir, sino que todo se ha distorsionado para abusar de la gente sencilla? Y, de hecho, las cucarachas, tanto sacerdotes como monjes, confiesan que así es, y las llaman *pias fraudes*, es decir, mentiras piadosas, para lograr que el pueblo sea devoto». «¿Qué sacrilegio es este, abusar así del nombre de Jesucristo para cubrir unas fábulas fríamente forjadas?», se pregunta. Multiplica los ejemplos: «Había un gran fervor y un celo por aumentar la cristiandad. Pero si les hubiéramos mostrado excrementos de cabra y les hubiéramos dicho: este es el rosario de Nuestra Señora, los habrían adorado ciegamente». Y concluye advirtiendo al lector:

«Eso es lo que ocurre con las reliquias. Todo está tan distorsionado y confuso, que no podemos venerar los huesos de un mártir sin arriesgarnos a adorar los huesos de cualquier bandido o ladrón, o incluso los de un burro, un perro, o un caballo. Uno no puede venerar a un anillo de Nuestra Señora, o su peine, o su cinto, sin correr el riesgo de adorar los anillos de cualquier vividora (*i. e.*, prostituta). Sin embargo, guardémonos del peligro venidero. Porque a partir de ahora nadie podrá excusarse en la ignorancia»[5] (Calvino 2010, 397, 408, 410 y 434).

Una ortodoxia doctrinal presa de la disensión

Los papistas no son los únicos en atraer la ira del reformador. Calvino también encuentra un cierto número de opositores en su propio bando.

Entre ellos, podemos citar a Sebastián Castellio, al que conoce en Estrasburgo en 1540. Un año más tarde, Castellio es nombrado director del Collège de Rive cuando se funda, mientras continúa, en el campo cercano a Ginebra, su trabajo de predicación. En esta época aparecen las primeras tensiones: por una parte, Castellio, convencido como Calvino de que hay que educar a la población, preconiza un acceso más fácil a la Biblia. Entonces propone una nueva traducción a una lengua popular. Pero Calvino, que le concede a la Biblia una superioridad absoluta y que, por esta razón, realiza su propia traducción a la lengua más pura de todas, impide su publicación hasta 1555. Por otra parte, los dos hombres se enfrentan también en aspectos más teológicos: en el carácter canónico del *Cantar de los Cantares* —que Castellio define como lascivo, afirmando que no podría emanar del Espíritu Santo— o incluso la interpretación del descenso a los Infiernos. Por último, Castellio insiste ampliamente en la opacidad de ciertos pasajes de la Biblia, que deja el campo libre a ciertas interpretaciones, a veces alejadas de las aprobadas por Calvino en la *Institución de la religión cristiana*. Los

---

5. Cita traducida por 50Minutos.es

desacuerdos que manifiesta Castellio con la doctrina calvinista llevan a su petición de acceso a la pastoría de Ginebra. A principios de 1544, la Compañía de Pastores de Ginebra no avala el nombramiento de Castellio como pastor, un nombramiento que, sin embargo, había aprobado el Consejo de la Ciudad. Entonces, este dimite y abandona la ciudad. En la época del caso Miguel Servet, en 1553-1554, la hostilidad entre los dos hombres se vuelve directa y se regula a través de tratados interpuestos.

Retrato de Miguel Servet.

En enero de 1553, un médico teólogo español, Miguel Servet (1511-1553), manda imprimir la *Christianismi Restitutio* (*Restitución del cristianismo*) en la que destaca su negación del dogma de la Trinidad, oponiéndose así tanto a los católicos como a los reformados. Desde 1545, le envía regularmente a Calvino fragmentos de sus textos e intenta interrogarlo en varios puntos teológicos. Acusado de herejía, lo llevan ante la justicia en marzo en Viena, donde es sometido a la Inquisición del monje dominicano Mathieu Ory (c. 1482-1557). Es encarcelado el 4 de abril, pero se las arregla para escapar y lo condenan a la hoguera por herejía, en rebeldía. Entonces, Servet acude a Ginebra, donde es detenido el 13 de agosto tras la denuncia de Calvino. Para bloquear la ortodoxia calvinista, las autoridades civiles y eclesiásticas de Ginebra condenan al español y su doctrina. Esta es una nueva oportunidad para reconocer el valor referencial en materia teológica del texto *Institución de la religión cristiana* y para recordar que conviene ajustarse a él. Servet es torturado en Ginebra el 27 de octubre y sus obras son quemadas en diciembre.

A raíz de la detención de Servet se levanta una oposición por parte de los pensadores y teólogos reformados de Basilea. Haciendo hincapié en la dificultad de interpretar los pasajes oscuros de la Biblia, los basilienses, dirigidos por Sebastián Castellio, rechazan la intolerancia dogmática de Calvino, reduciendo el alcance de las observaciones hechas por ignorantes, ajenos a las consideraciones teológicas que van demasiado lejos y que interpretarían incorrectamente la Escritura. Calvino, que lo ve como una invitación a la disidencia, publica a toda prisa una *Declaración* para mantener la fe verdadera. Realiza una acusación contra las ideas heréticas transmitidas por Servet y aboga a favor de la ampliación de los poderes de los magistrados, en tierra reformada, para condenar a muerte a los herejes. Las reacciones son inmediatas y dan lugar a muchas controversias. En primer lugar, Castellio preconiza la libertad de conciencia y se opone al uso de la violencia en los asuntos religiosos. Durante dos años, Calvino y Beza se enfrentan a Castellio —a quienes debemos la expresión «matar a un hombre no es defender una doctrina, es matar a un hombre»— mediante un intercambio de panfletos. Por otra parte, la condena de Servet destapa en Ginebra la necesidad urgente de definir las competencias respectivas de los ministros y de los magistrados, sobre todo en materia de excomunión y de ejecución de herejes.

Jerome Bolsec (*c.* 1524-1584), médico, antiguo carmelita pasado al protestantismo y miembro de la Iglesia ginebrina, está también entre los detractores de Calvino. En dos ocasiones (el 15 de mayo y el 16 de octubre de 1551), critica públicamente la enseñanza de Calvino sobre la predestinación. Sin embargo, en Ginebra, en esa época, es de buenos modales no cuestionar los fundamentos de la doctrina común, garante de la cohesión social y, sobre todo, no poner en tela de juicio las bases de la doctrina calvinista. Bolsec es juzgado y condenado al destierro el 22 de diciembre. Para contener los disturbios y cortar de raíz una oposición doctrinal naciente, el 9 de noviembre de 1552, el Consejo de la Ciudad reconoce que la *Institución de la religión cristiana* de Calvino «[es] buena y hecha santamente y [que] su doctrina [es] la santa doctrina de Dios y que se le considera [a Calvino] un buen y verdadero ministro de esta ciudad»[6] (*CO 21*, c. 525).

---

6. Cita traducida por 50Minutos.es

EL MOVIMIENTO REFORMADO A NIVEL EUROPEO Y SUS CONSECUENCIAS

HACIA UNA POLÍTICA REFORMADA COMÚN Y LA RUPTURA CON LOS LUTERANOS

Con Heinrich Bullinger (1504-1575), sucesor de Zuinglio como cabeza de la Iglesia de Zúrich, Calvino elabora el Acuerdo de Zúrich (*Consensus Tigurinus*) entre 1547 y 1549. Este texto establece la alineación de las posturas de las Iglesias reformadas de las dos ciudades en el tema de los sacramentos y funda, a pesar de algunas diferencias, la política reformada en Europa. Sobre la cuestión de la Última Cena, este texto castiga la ruptura definitiva con los luteranos, cuyo líder, Martín Lutero, se había opuesto a Zuinglio en la cuestión de la interpretación eucarística. Invitados por Martín Bucero para llegar a un acuerdo, Bullinger y Calvino buscan durante dos años establecer una alianza duradera entre sus Iglesias y sus ciudades, alianza que pretenden ampliar a más ciudades suizas de habla alemana y francesa. Después de numerosas negociaciones, el texto se termina en agosto de 1549. Distribuido entre los aliados, el acuerdo se publica en 1551. Aunque en el corazón de este acercamiento se encuentra la unidad, también se levantan voces en su contra: así, Calvino responde con firmeza, en un texto titulado *Breve resolución de los sacramentos* (1555) en el que hace muestra de su diplomacia y pedagogía para hacerse escuchar, al pastor luterano hamburgués Joaquín Westphal (1510-1574), cuyos tratados denuncian un profundo desacuerdo con el contenido del consenso. La ruptura entre los luteranos y los reformados se consuma definitivamente.

LA REACCIÓN DE LA IGLESIA CATÓLICA

La aplicación de una censura sistemática y la reafirmación de los principios de la fe

Desde la circulación de los primeros escritos luteranos (a partir de 1521), la Facultad de Teología de París se encarga de examinar las obras que le llaman la atención a los doctores y cuyo contenido es susceptible de ser condenado por no estar conforme con la doctrina católica. Ante la multiplicación de acontecimientos juzgados heréticos y la profusión de obras subversivas, la Sorbona redacta el 2 de marzo de 1542 un primer catálogo (no impreso) de libros censurados que incluye más de sesenta títulos. Junto a este trabajo de censura, los teólogos realizan una lista de 26 artículos de fe mediante los que reafirman la posición de la Iglesia católica en numerosos puntos (confesión auricular, sacramento de la penitencia, oraciones, peregrinaciones, purgatorio, etc.) y sitúan a los reformados en la categoría de heréticos. Estos artículos, aprobados por los teólogos en marzo de 1543, los ratifica el rey Francisco I y se publican a partir del 23 de julio.

Con respecto a la publicación del primer catálogo de libros censurados, esta tiene lugar en agosto de 1544 en París. Esta vez, son 233 los títulos incluidos en la lista negra. Algunos de ellos, redactados en francés, proceden de Ginebra —los textos de Calvino, por supuesto, también se encuentran aquí. Ese mismo año, escribe una *Advertencia sobre la censura que han hecho las bestias de la Sorbona respecto a los libros que llaman heréticos*, en la que ataca sobre todo la postura adoptada por los teólogos contra las traducciones en la lengua vernácula de las Escrituras. También responde a los *Artículos de la fe de la Facultad de Teología* en otro panfleto titulado *Artículos de la sagrada Facultad de Teología de París sobre nuestra fe y religión cristiana y la forma de predicación, con el remedio contra el veneno* (1544).

El Concilio de Trento y la situación del Sacro Imperio Romano Germánico

Convocado por el papa Pablo III (1468-1549) en 1545 en un contexto internacional turbulento —el Sacro Imperio Romano Germánico encabezado por Carlos V (1500-1558) está inmerso en una guerra contra Francisco I—, se reúne un concilio para restablecer la unidad cristiana, reafirmar la doctrina católica —y así refutar punto a punto las tesis protestantes— e impedir la expansión de la Reforma. En 1548, frente al ascenso del protestantismo en el Imperio y a los desórdenes políticos resultantes, Carlos V promulga por su parte los *Interims* (Augsburgo, 15 de mayo, y después Leipzig, en diciembre), es decir, compromisos doctrinales y eclesiásticos, a la espera de una resolución más universal que supuestamente debería llegar con el Concilio de Trento. Pero es finalmente la paz de Augsburgo en septiembre de 1555 la que acaba temporalmente con las hostilidades entre príncipes católicos y príncipes protestantes, ahora libres de elegir su obediencia según el principio «*cujus regio, cujus religio*» («a tal rey, tal religión»).

Suspendido en 1552, el Concilio de Trento se reabre en 1562 a petición del papa Pío IV (1499-1565), particularmente debido a los notables progresos del calvinismo en una parte de Occidente. El Concilio de Trento, una verdadera ruptura entre la Iglesia medieval y la Iglesia de la época clásica, como subraya la historiadora Régine Pernoud, marca, por la afirmación dogmática que enuncia, la ruptura definitiva entre el papado y las Iglesias protestantes.

EL NACIMIENTO DE UNA RED DE IGLESIAS REFORMADAS Y SUS CONSECUENCIAS

Después de la derrota de los libertinos en Ginebra en febrero de 1555, Calvino, apoyado por una mayoría política estable, puede ahora implementar activamente su programa eclesiástico en Ginebra pero, sobre todo, puede extenderlo por toda Europa. Mediante el envío de predicadores elegidos por la Compañía de los Pastores ginebrinos, teje y organiza una red de iglesias locales autónomas, «plantadas» (cuando son implantadas) y «levantadas» (cuando se establece un consistorio, un consejo). Aunque la primera Iglesia reformada aparece en Francia en 1555, el movimiento se extiende realmente a partir de 1557: las comunidades se implantan permanentemente en Escocia, Inglaterra, Polonia, Europa central y en muchas ciudades del Imperio.

Sin embargo, en Francia, las medidas de represión contra las reformas, consideradas heréticas, se refuerzan con la promulgación del Edicto de Chateaubriand (27 de junio de 1551). El poder pretende así lograr detener un movimiento que, sin embargo, no para de ganar seguidores. En el Pré-aux-Clercs, en París, tienen lugar reuniones reformadas del 13 al 19 de mayo de 1558; al año siguiente, en mayo, tiene lugar el primer sínodo de Iglesias reformadas, donde se adopta una Disciplina eclesiástica y una Confesión de fe que se presentará al rey de Francia en 1560. Entonces se inicia el funesto período de las guerras de religión.

EN RESUMEN

1509
10 Jul.: nacimiento de Juan Calvino

1517
Martín Lutero publica sus 95 tesis

1533-1534
Juan Calvino adopta las ideas de la Reforma

1536
Juan Calvino es ordenado pastor de la Iglesia de Ginebra
Publicación de *Christianae religionis institutio* en latín

1538
Juan Calvino es expulsado de Ginebra

1541
Juan Calvino vuelve a Ginebra

1555
Aparición de la primera Iglesia reformada en Francia

1559
Juan Calvino funda su collège en Ginebra

1559-1560
Publicación de la *Institución de la religión cristiana* en francés

1564
27 may.: muerte de Juan Calvino

- Católico y con formación en estudios clásicos, Calvino no está predestinado a convertirse en un pionero de la Reforma. Es en París donde este picardo entra en contacto con las tesis luteranas. Participa en la denuncia de las primeras persecuciones perpetradas contra los reformados. Luego debe huir de la capital y llega a Suiza llevado por encuentros fortuitos.

- En Ginebra, donde se establece por primera vez en 1536 con la ayuda de Guillaume Farel (evangelizador de Suiza), instaura los primeros códigos para difundir la palabra reformada entre la población, para la que adapta su lenguaje. Oponiéndose a una parte del Consejo de la Ciudad que tiende a conservar una autoridad secular fuerte, Calvino es expulsado en 1538.

- En Estrasburgo, se convierte en profesor y dedica gran parte de su actividad al estudio de los textos bíblicos. Profesor en primer lugar, se convierte después en teólogo y en predicador. Promulga una nueva doctrina, colocando a Dios y a las Escrituras por encima de todo, cuyos términos se registrarán en la suma teológica en la que trabaja durante toda su vida: la *Institución de la religión cristiana*.

- De vuelta a Ginebra en 1541, Calvino organiza la Iglesia de la ciudad en torno a ordenanzas eclesiásticas, a una recopilación de oraciones y de cánticos, así como a un catecismo, un manual de fe al servicio de las poblaciones. Vela por que la nueva estructura eclesiástica esté provista de pilares sólidos, y prevé la formación de pastores, de futuros teólogos y de civiles encargados de aplicar la disciplina.

- La difusión y el éxito de su mensaje se deben sobre todo a dos elementos: por una parte, a la accesibilidad de su discurso, adaptado a los diferentes públicos tanto por su contenido como por el lenguaje que emplea (es uno de los primeros en ofrecer una versión vernácula de la Biblia y traducir sistemáticamente sus tratados y comentarios del latín); por otra parte, a la frecuencia de sus sermones y de sus oraciones, con un talento de oratoria innegable. Sus obras se encuentran entre los títulos censurados por la Facultad de Teología de París, y el papado, consciente de la amenaza protestante que encarna, sobre todo, Calvino, intenta restablecer la unidad cristiana mediante el Concilio de Trento.

- Considerado en un momento clave en la historia de Ginebra defensor de los intereses de la ciudad, Calvino no es, sin embargo, plenipotenciario. Aunque le escuchan en el Consejo de la Ciudad, sus opiniones no se respetan sistemáticamente. Políticamente criticado y juzgado demasiado estricto, sufre numerosos ataques: al final del siglo XVI aparece la leyenda negra de Calvino «el malo», intransigente, que algunos autores, como Stefan Zweig, retomarán en el siglo XX.

- Excelente predicador y teólogo de alto nivel, consigue tejer una verdadera red de iglesias locales, autónomas, inspirando a nuevos predicadores que reanudarán y transmitirán su mensaje más allá de las tierras germánicas y suizas.

¡Tu opinión nos interesa!
¡Deja un comentario en la página web de tu librería en línea,
y comparte tus favoritos en las redes sociales!

PARA IR MÁS ALLÁ

FUENTES BIBLIOGRÁFICAS

- Calvino, Juan. 2009. *Œuvres*. Editado por Francis Higman y Bernard Roussel. París: Gallimard, colección *Bibliothèque de la Pléiade*.
- Cervantes-Ortiz, Leopoldo. 2009. *Juan Calvino: su vida y obra a 500 años de su nacimiento*, 406-407. Barcelona: Editorial CLIE.
- Borgeaud, Charles. 1900. *Histoire de l'université de Genève*. Genève: Georges & co.
- Iglesia Bautista de North Bergen, "Juan Calvino: su vida y ministerio". Consultado el 13 de julio de 2016. http://www.ibrnj.org/juan-calvino-su-vida-y-ministerio
- Hildebrand, Hans J., ed. 1996. *Oxford Encyclopedia of the Reformation*. Nueva York y Oxford: Oxford University Press.
- Museo de la Reforma. 2009. *Une journée dans la vie de Calvin*, catálogo de la exposición del museo internacional de la Reforma (24 de abril-1 de noviembre de 2009). Ginebra: Museo de la Reforma.
- Ries, Julien, Olivier Clément y Lawrence E. Sullivan. 2007. *Le grand livre des religions*. Arles: Éditions du Rouergue.

FUENTES COMPLEMENTARIAS

- Calvino, Juan. 1995. *Œuvres choisies*. Editado por Olivier Millet. París: Gallimard, colección *Folio classique*.
- Cotteret, Bernard. 1995. *Calvin. Biographie*. París: J.-C. Lattès.

- Crouzet, Denis. 2000. *Jean Calvin. Vies parallèles*. París: Fayard.
- Engammare, Max. 1999. *Organisation du temps et discipline horaire chez Calvin et à Genève au xvie siècle,* 341-355. París: Bibliothèque de l'École des chartes.
- Gilmont, Jean-François. 1997. *Jean Calvin et le livre imprimé*. Ginebra: Droz.
- Mouton, Jean-Luc. 2009. *Calvin*. París: Gallimard, colección *Folio biographie*.

FUENTES ICONOGRÁFICAS

- Retrato de Juan Calvino por Titien, siglo XVI. La imagen reproducida está libre de derechos.
- *Los últimos momentos de Calvino*. La imagen reproducida está libre de derechos.
- Retrato de Guillermo Farel. La imagen reproducida está libre de derechos.
- Retrato de Michel Servet. La imagen reproducida está libre de derechos.

LITERATURA Y DOCUMENTAL

- Zweig, Stefan. 2012. *Castellio contra Calvino*. Barcelona: El Acantilado.
- *Jean Calvin (1509-1564). Portrait sensible*. Dirigido por Caroline Reussner. República Checa, 2004.

EDIFICIO CONMEMORATIVO Y MUSEO

- Museo Juan Calvino, en Noyon, situado en el emplazamiento de la casa natal del reformador. En él se conservan algunas piezas originales, como los pasquines contra la misa (1534), un ejemplar de la Biblia de Olivétan (1535), una edición original de la *Institución* de 1536, y muchas otras.

- Monumento Internacional de la Reforma, en Ginebra, inaugurado en 1909, esculpido por Paul Landowky. Está formado por cuatro estatuas monumentales de cinco metros cada una, representando a Juan Calvino, Guillermo Farel, Teodoro de Beza y John Knox.

www.en50Minutos.es

ISBN ebook: 9782806278463

ISBN papel: 9782806281784

Depósito legal: D/2016/12603/233

Libro realizado por Primento, el socio digital de los editores